Do Bella agus Ella

Tugann Oxfam aitheantas do na grianghrafadóirí seo a leanas agus gabhann buíochas leo:
Annie Bungeroth (lgh 6-7), Howard Davies (lch 5 agus lgh 26-27),
Marj Clayton (lgh 22-23), Sarah Errington (lgh 12-13 agus an clúdach),
Jim Holmes (lgh 10-11), Ley Honor Roberts (lgh 14-15),
Crispin Hughes (lgh 18-19 agus 24-25), Philippe Lissac (lgh 16-17),
Rajendra Shaw (lgh 20-21 agus an clúdach cúil) agus Seán Sprague (lgh 8-9).

Frances Lincoln Teo a chéadfhoilsigh faoin teideal *Hair* 2006
An Leagan Béarla © Frances Lincoln, 2006
Téacs © Kate Petty 2006
Grianghraif © Oxfam Activities Teo agus na grianghrafadóirí ainmnithe thuas, 2006
seachas lgh 14-15 © Ley Honor Roberts 2006
agus lgh 16-17 © Philippe Lissac 2006
An tagairt d'íomhá PLSOOO29TOG, le caoinchead Panos

An leagan Gaeilge © Foras na Gaeilge 2006

ISBN 1-85791-623-9

Printset & Design a réitigh an cló
Arna chlóbhualadh sa tSín

Ar fáil ar an bpost uathu seo:

An Siopa Leabhar,   *nó*   An Ceathrú Póilí
6 Sráid Fhearchair,   Cultúrlann Mac Adam-Ó Fiaich,
Baile Átha Cliath 2.   216 Bóthar na bhFál,
ansiopaleabhar@eircom.net   Béal Feirste BT12 6AH
                                                    leabhair@an4poili.com

Orduithe ó leabhardhíoltóirí chuig:
Áis,
31 Sráid na bhFíníní,
Baile Átha Cliath 2.
eolas@forasnagaeilge.ie

An Gúm, 24-27 Sráid Fhreidric Thuaidh, Baile Átha Cliath 1

Gruaig

Kate Petty

Gabriel Rosenstock a rinne an leagan Gaeilge

 AN GÚM   i gcomhar le    Oxfam

Bíonn sé fuar ar shléibhte arda na Pacastáine. Tá gruaig thiubh ar an mbeirt seo, Pedan agus Samullah. Is maith leo gearr í chun go mbeadh radharc maith acu ar gach aon ní!

Coinníonn an caipín deas teolaí mé.

Tá gruaig Ana á cíoradh ag Maria
lasmuigh dá dteach i nGuatamala.
Ceanglóidh sí siar í leis
an scruinsí dearg ar a rosta.

Beidh mo
chuid gruaige
go gleoite.

I Vítneam atá cónaí ar Linh.
Tá sé ag ní a chuid gruaige
ag an tobar os comhair an tí
sula dtéann sé ar scoil.

Ba cheart
go mbeadh sí
glan anois!

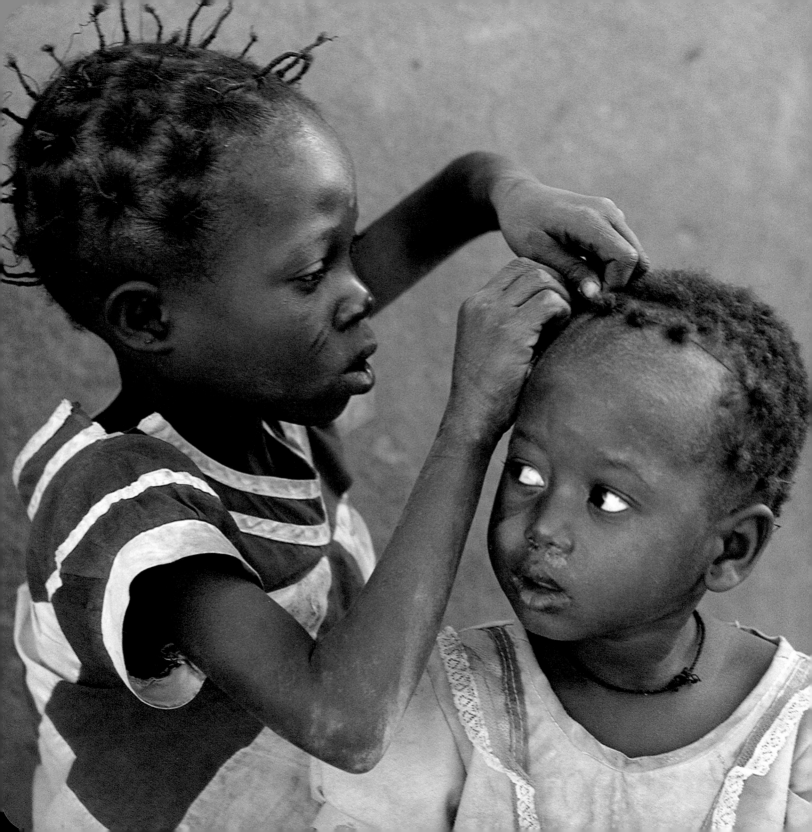

Is cairde iad Felicia agus Anongee,
agus cónaí orthu i nGána. Tá
Felicia ag cur duailíní Anongee
ina sraitheanna néata
sula gceanglóidh sí iad.

Caithfidh mé
fanacht socair.

'Beidh tú gleoite,' arsa Martha lena deirfiúirín, Ruby. Sna Stáit Aontaithe atá cónaí orthu. Tá Martha tar éis na bláthanna a phiocadh sa ghairdín.

Is é an bláth bándearg seo is deise.

Nach bhfuil Catherine
ag féachaint go haoibhinn!
Tá coirníní buí ina cuid trilseán aici.
As Tóga, san Afraic, di.

Is maith liom
na coirníní nuair
a chroithim mo
cheann.

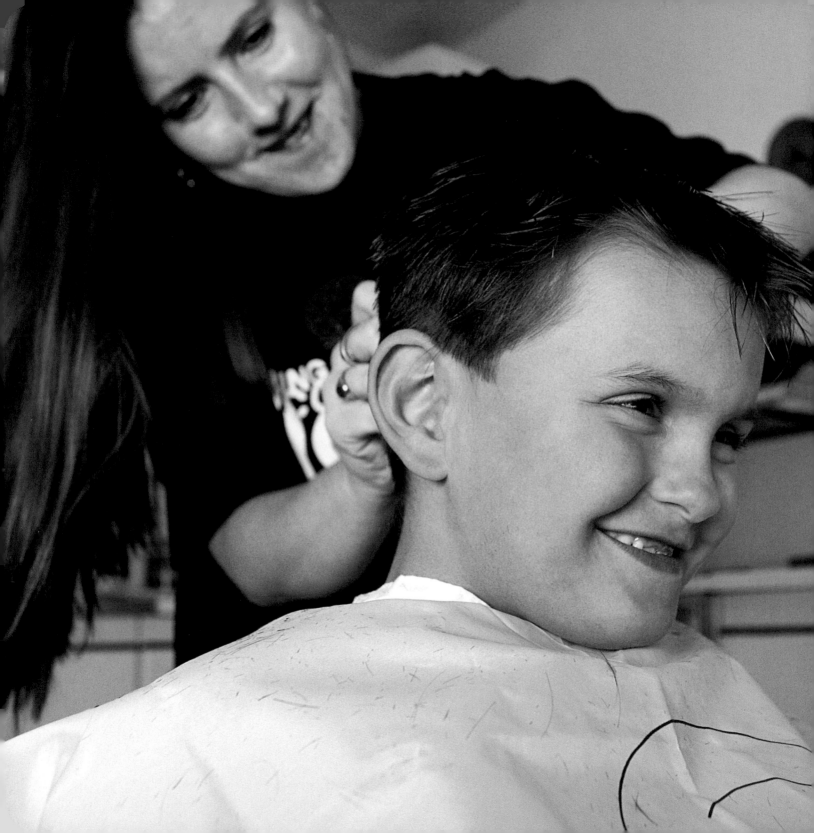

Tá Nathaneal ag fáil bearradh gruaige ina theach féin. I Sasana atá cónaí air. Is maith leis a chuid gruaige a chur ina seasamh.

Cuirimse gel i mo chuid gruaige.

San India a chónaíonn Shakeel.
Tá féile ar siúl inniu agus ba
mhaith leis a bheith slachtmhar.
Cuimlíonn sé ola ina chuid gruaige.
Tugann spíosraí boladh don ola.

Boladh breá, cinnte, faoi theas na gréine!

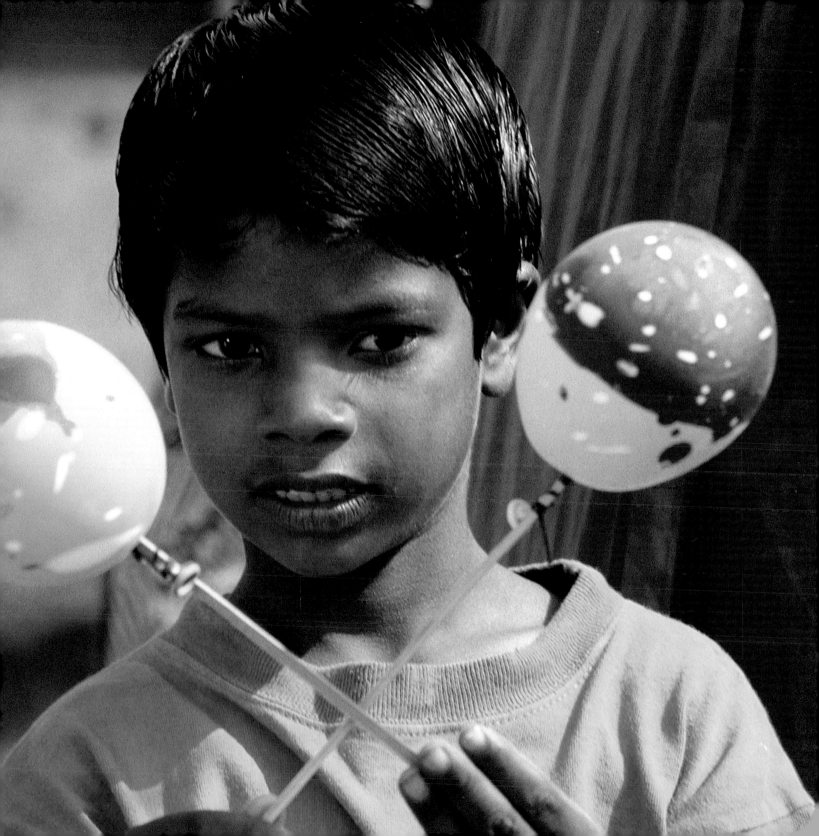

Caithfidh gur ag Liliana atá
na trilseáin is faide ar domhan!
Sa chathair is airde ar domhan
atá cónaí uirthi – La Paz
sa Bholaiv.

Ceanglaím siar
na trilseáin agus
mé ag obair.

Chóirigh cairde Wolo a cuid gruaige di. I mBuircíne Fasó atá cónaí uirthi. Bíonn ainm ar chuid de na stíleanna gruaige. Cén t-ainm a thabharfása ar an stíl seo?

Na sreanga a chuireann na spící ina seasamh!

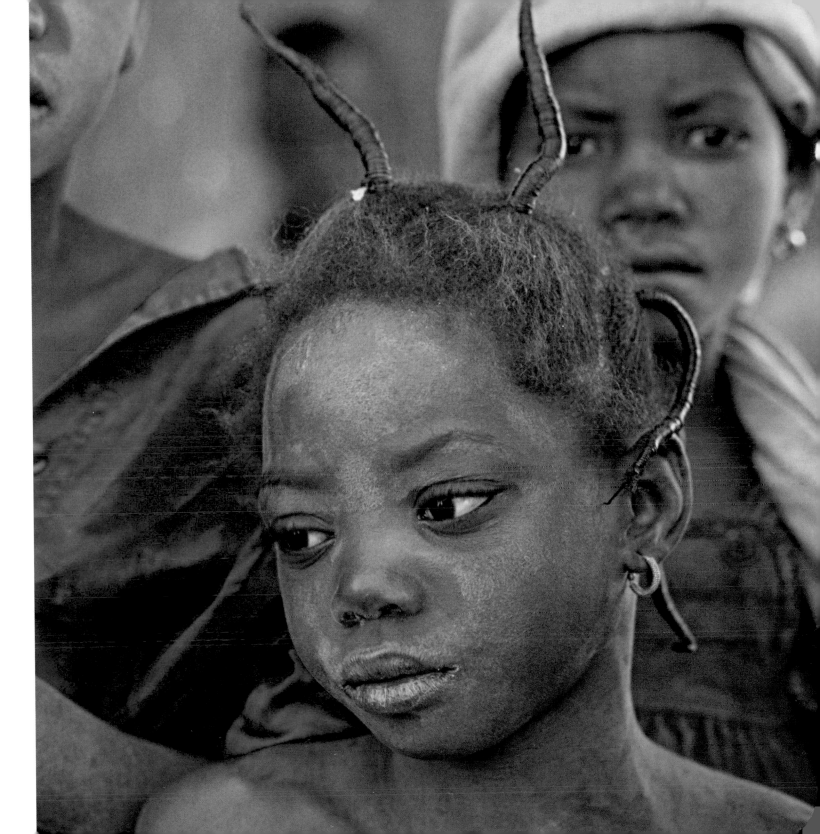

Prek Chdoar is ainm don sráidbhaile sa Chambóid ina bhfuil cónaí ar Kim. Gruaig fhada atá uirthi, agus is maith léi scaoilte í.

Ceanglaím siar í má éiríonn an aimsir róthe.

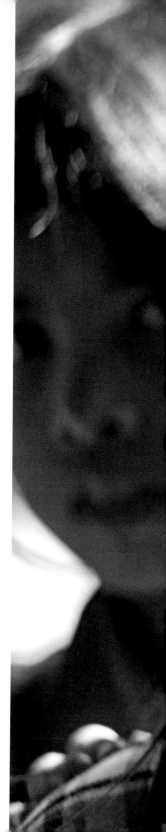

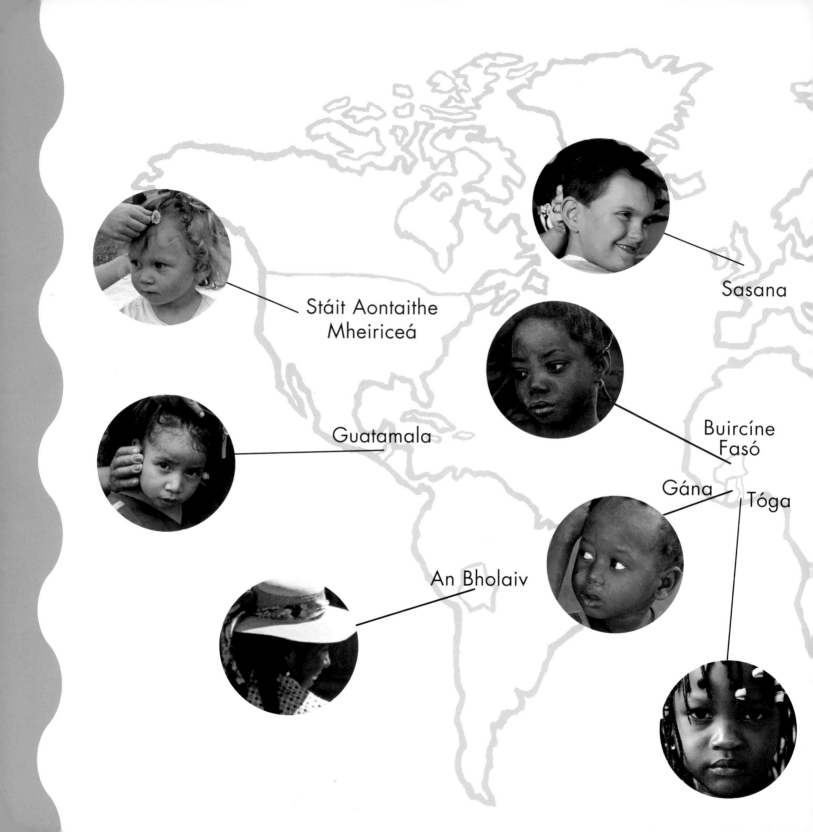

Sasana

Stáit Aontaithe
Mheiriceá

Buircíne
Fasó

Guatamala

Gána

Tóga

An Bholaiv

An Phacastáin

An India

Vítneam

An Chambóid

Údar agus eagarthóir leabhar do leanaí í **KATE PETTY**.
Is iomaí leabhar pictiúir scríofa aici,
ina measc *Made With Love* (Macmillan)
agus *The Nightspinners* (Orion).
Is í an t-eagarthóir coimisiúnaithe í faoi láthair
ar thionscadal Eden, ionad bithéagsúlachta Chorn na Breataine.